Couverture inférieure manquante

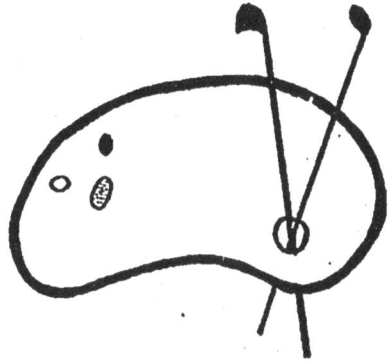

DEBUT D'UNE SERIE DE DOCUMENTS
EN COULEUR

LES SUCCESSIONS A MILLIONS

PAR

F. BELLANGER

Extrait du Journal « LA LOI »

PARIS

IMPRIMERIE JEAN GAINCHE

13, rue de Verneuil, 13

—

1895.

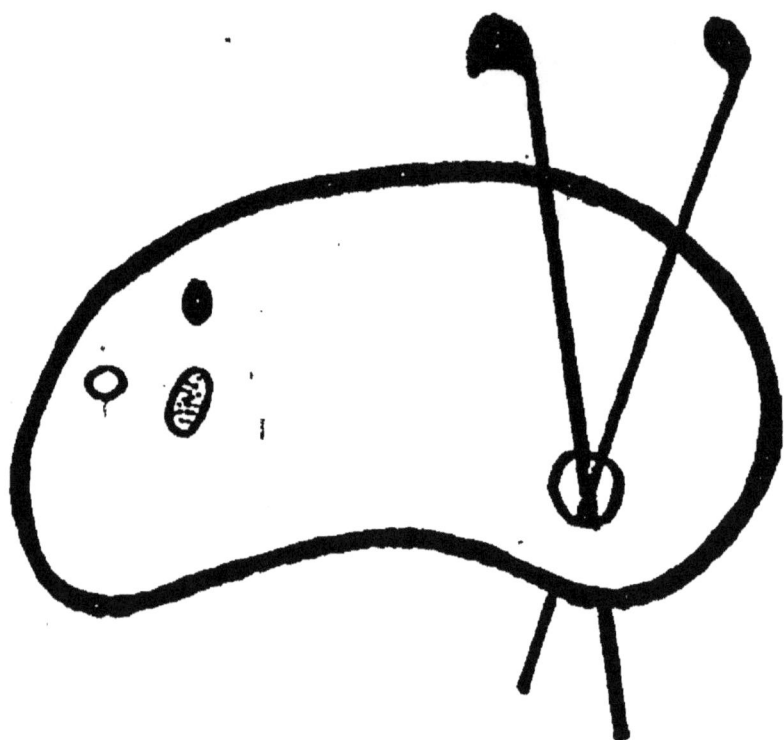

FIN D'UNE SERIE DE DOCUMENTS
EN COULEUR

LES SUCCESSIONS A MILLIONS

PAR

F. BELLANGER

Ⓒ

SUCCESSIONS A MILLIONS

Qui d'entre nous n'a pas espéré un moment le décès d'un oncle inconnu et millionnaire, vous laissant seul héritier d'une fortune considérable ? Malheureusement l'oncle d'Amérique — riche et célibataire — n'existe pas, sauf dans les vaudevilles où il meurt à la fin du troisième acte pour enrichir subitement la jeune première qui n'a pour dot que sa beauté, et qu'un amoureux désintéressé et sympathique est sur le point d'épouser. Dans la vie réelle, l'oncle parti en Amérique s'y fait rarement une fortune et dans ce cas presque toujours il se marie, a des enfants, ou dispose de son avoir par testament ; le plus souvent il meurt ne laissant qu'un actif insignifiant, ou des dettes.

Mais allez donc faire croire à un neveu que l'oncle d'Amérique riche est un oiseau rare! A défaut de l'oncle, on espère qu'un cousin exotique laissera une grosse fortune. Quand cette idée d'une succession à millions à l'étranger, à laquelle il croit avoir droit, est entrée dans la cervelle d'un prétendant à la dite succession, il est bien difficile de l'en faire sortir. Et à l'en croire il ne lui manque qu'une pièce! Malheureusement c'est toujours la principale : l'acte de décès du *de cujus*!

On peut se demander comment cette prétention a pris naissance. C'est très simple et on peut cataloguer les cas, les voici :

1° Le prétendant a appris par les journaux qu'on le cherchait pour une succession et le défunt porte le même nom que lui ; il est certainement héritier parce qu'il se rappelle qu'un oncle à lui est parti jeune pour le pays où la succession est ouverte et il indique le chiffre de millions (toujours beaucoup) qui lui reviennent à lui et non à d'autres familles homonymes. Mais il lui est impossible de retrouver le journal ni d'indiquer le lieu et la date du décès.

2° Le père ou le grand-père du prétendu héritier a reçu il y a nombre d'années une lettre venant de l'étranger, non affranchie, pour laquelle il fallait payer la taxe du non affranchissement, son auteur, illettré, ignorant a refusé la lettre. Or, depuis, on a appris, on ne sait jamais comment, dans le pays qu'un sieur (le nom d'un cousin quelconque) était décédé on ne sait où, mais laissant évidemment des millions. Donc, cette lettre refusée émanait certainement d'un notaire ou d'un consul annonçant à l'auteur de l'intéressé l'ouverture de la succession et la bienheureuse nouvelle de son droit aux millions.

3° On est venu proposer à l'intéressé ou à son auteur de lu acheter ses droits, moyennant une somme très importante, mais il a refusé supposant que l'acheteur devait faire un bénéfice considérable et il n'a jamais su de quoi il s'agissait, mais il devait s'agir sans aucun doute, de la succession de (ici son oncle ou son grand-oncle) décédé on ne sait où, et il y a des millions.

N'essayez pas de discuter avec le prétendant, en voulant lui démontrer que l'annonce du journal n'a très probablement, certainement même jamais existé ; que ce renseignement vague provient d'un voisin ou d'un ami qui croit quand on lui a parlé d'un grand-oncle disparu avoir lu une insertion à ce sujet ; ne cherchez pas à lui démontrer que vu le temps écoulé, la succession doit être prescrite, que rien n'indique qu'il y ait des millions puisqu'on n'a aucun renseignement sur le lieu et la date du décès, et que toutes les recherches faites dans les consulats ou ministères sont restées infructueuses. N'ayez pas l'air d'insinuer que rien n'indique que la lettre refusée annonçait une succession et des millions, et qu'il est très probable que ce que le prétendant a pris pour une proposition d'achat de droits n'était qu'une demande de mandat de la part d'un agent d'affaires pour faire des recherches afin de retrouver les millions hypothétiques.

En un mot, il est inutile d'engager un héritier ou plutôt un de ces prétendants à succession chimérique ou prescrite, hypnotisé par les millions, à ne pas faire de frais et de voyages inutiles, à ne rien dépenser en chargeant un agent d'affaires de rechercher la succession. Rien ne peut le convaincre que la succession n'existe pas, même après des années de recherches infructueuses. Il part quelquefois persuadé que vous avez intérêt à lui enlever ses millions et que vous avez reçu une part considérable (des millions, toujours) pour le décourager ou égarer ses recherches. Ce n'est donc pas pour les prétendants que j'écris ces courtes notices sur les successions à millions les plus connues, mais pour leurs conseils, notaires, avoués, avocats, ou hommes d'affaires, dont l'avis sera souvent écouté. Mais comment se fait-il, me dira-t-on, si ces successions n'existent pas, que les journaux en parlent si souvent et que certaines successions légendaires reviennent d'une façon intermittente ?

Le journaliste qui reçoit les renseignements concernant ces successions et qui les transmet au public est certainement de bonne foi, mais la fausse nouvelle lancée il est bien difficile d'arrêter son développement.

Le journal signale une prétendue succession Legrand ou Durand (c'est toujours un nom très commun) ouverte à Chicago par exemple. Immédiatement vingt personnes vont écrire au journal et affirmer que c'est leur oncle. On écrit à Chicago, on répond naturellement qu'on ne sait pas ce que cela veut dire. Les prétendants, jamais à court d'explications, disent que le gouvernement américain à la main mise sur la succession et que la consigne a été donnée aux autorités de ne rien dire, ou que le décès n'a pas eu lieu à Chicago, mais ailleurs, que le *de cujus* est mort en voyage, etc. etc. Il n'est donc pas possible d'avoir la preuve négative complète concernant l'existence de la succession.

Du reste, une succession à millions est très simple à créer, voici la recette : Prenez un nom très répandu, très commun : Lefèvre, Dupont, Mathieu, etc., donnez-le à votre *de cujus* millionnaire ; faites mourir ce dernier très loin, dans un pays où il n'y a pas d'état civil régulier ; mettez une pointe de roman dans l'existence du défunt en racontant qu'il s'est embarqué pour des îles lointaines à la suite d'un chagrin d'amour, ajoutez, pour mettre un peu de tragique, qu'il est mort le lendemain de la réalisation de sa fortune colossale, assassiné par un de ses anciens esclaves, alors qu'il se disposait à revenir en France pour rechercher ses héritiers. Cela fait, lancez la nouvelle d'une main sûre, dans une feuille quelconque. Vous n'avez plus à vous préoccuper de rien, le « caneton » se développe, devient un « canard » gigantesque, auquel tous les communiqués, toutes les notes officielles annonçant qu'on ne connaît nullement cette succession, ne pourront couper les ailes et qui volera d'autant mieux que l'imagination de la foule des prétendus ayants-droit, voulant reconnaître un parent dans le défunt imaginaire, donnera sur lui des détails tellement précis, que beaucoup de personnes finiront par croire à la réalité de l'existence de la succession fabuleuse.

Alors pleuvent au ministère des affaires étrangères, aux colonies, à la direction des domaines et à la caisse des consignations, une quantité très grande de demandes émanant de Legrand ou Durand, qui tous demandent où est la succession. Naturellement on ne la trouve jamais, et certains prétendants hallucinés vous glissent mystérieusement que le montant de l'actif a servi à des besoins politiques...

Dans les successions légendaires quelques-unes ont existé véritablement, mais, à mon avis, la prescription a éteint les droits des héritiers, j'ai également fait une note pour quelques-unes d'entre elles les plus connues.

Il existe des spécialistes qui sont souvent consultés sur ces successions imaginaires, ce sont les généalogistes. La plus importante maison de généalogie, celle de MM. Pelletier, Haudricourt et Pavy, dont les archives sont considérables reçoit constamment des demandes de renseignements à ce sujet. Mais les généalogistes ne cherchent pas les successions parce qu'ils savent, par expérience, que le résultat est toujours négatif.

Dans les affaires ci-après j'émets mon opinion personnelle, mais comme je l'ai déjà expliqué, la preuve de la non existence d'une succession étant impossible à fournir, lorsque je dirai par exemple qu'à mon avis la succession Bonnet n'existe pas, cela ne voudra pas dire qu'il ne soit jamais décédé un Bonnet dans les Indes ou à Madagascar, mais cela signifiera qu'il ne m'a pas été possible de savoir ou a été déposé l'actif important de la succession Bonnet et où avait été dressé l'acte de décès. Or l'existence d'un actif réel et l'acte de décès du *de cujus* sont les seules bases sérieuses d'une succession importante et le point de départ des recherches généalogiques.

J'ai également remarqué que tous les réclamants, au lieu de commencer les recherches par le commenecment, c'est-à-dire par s'assurer que le décès a réellement eu lieu et que les millions existent également, commencent toujours par faire une généalogie savante et lèvent des actes nombreux pour établir qu'ils sont bien les neveux où les cousins de « telle personne. Et ce doit être » cette personne qui est le défunt. Ils cherchent alors le décès.

J'ai vainement cherché à faire comprendre aux prétendants, que puisqu'ils voulaient revendiquer une succession, au lieu de faire des dépenses inutiles pour établir leur généalogie, il fallait d'abord s'assurer de l'existence des millions, car au point de vue pratique à quoi sert d'établir sa parenté avec une personne quelconque pour recueillir la succession si on ne peut justifier du décès de cette personne où si elle n'a pas laissé d'actif?

Puisse cette modeste publication éviter à quelques-uns du temps perdu, de l'argent sacrifié en recherches inutiles, ou d'être exploités par des agents d'affaires peu scrupuleux auxquels une provision déposée suffit pour faire entrevoir à l'intéressé des chances de succès.

Quelques inexactitudes se sont peut-être glissées dans ces pages sur ces successions légendaires, mais je suis tout disposé à rectifier lorsque l'on m'aura établi l'existence de mon erreur.

SUCCESSION BENOIST DIT DUMAS

Gabriel Olivier Benoist-Dumas est décédé à Paris, paroisse Saint-Roch, le 21 mai 1777, à l'âge de 70 ans, il était veuf en premières noces d'Angélique Elisabeth Tartairin et en secondes noces de Françoise Adrienne Puissant. Après son décès un inventaire fut dressé par Mᵉ Regnard, notaire à Paris, le 20 juillet 1777. Une sentence de bâtardise avait été rendue le 27 mai 1777 en Chambre du domaine, attribuant la succession au roi et aux seigneurs dans l'étendue de la juridiction desquels se trouvaient les domaines. Un arrêt du 24 avril 1780 déclara que le défunt n'était pas un bâtard — contrairement à ce que disait la sentence de 1777 — et par conséquent la succession étant vacante les biens devaient être administrés, suivant la sentence, par les seigneurs hauts justiciers.

En 1790 la Régie domaniale fut instituée et la loi du 24 juillet 1793 obligea les seigneurs à rendre aux domaines les biens et valeurs dépendant de la succession. Divers prétendants s'étaient présentés comme héritiers ; un jugement du Tribunal de la Seine du 13 fructidor an X repoussa une demande des prétendus héritiers

Aujourd'hui cette succession peut être considérée comme prescrite depuis longtemps, et les héritiers, en supposant qu'ils puissent arriver à justifier complètement de leurs droits ne peuvent revendiquer les biens laissés par Benoist-Dumas.

Le défunt avait été nommé écuyer par lettres de Chancellerie de 1737 ; il était alors gouverneur de Pondichéry. Le *de cujus* avait été ensuite receveur-général des finances et secrétaire du roi, maison de la Couronne de France ; la succession qu'il laissa était très importante pour l'époque : plusieurs millions de livres.

SUCCESSION BONNET

Un sieur Claude ou Claude-François Bonnet, serait décédé à l'étranger, laissant 75 millions et pas d'héritiers connus.

Des prétendants soutiennent que ce Bonnet est né

en France vers 1715; d'autre affirment qu'il est né
vers 1731;

D'après tous les réclamants, ces 75 millions auraient.
été déposés dans la caisse de la Compagnie des Indes.
A mon avis cette succession n'a j'amais existé et voici
d'ailleurs des extraits du *Moniteur officiel* :

Moniteur officiel. — 10 mars 1831.

« La plupart des journaux de la capitale viennent de
publier des détails empruntés au journal de Périgueux,
sur une succession de 75 millions qu'aurait laissée un
nommé Bonnet, François-Claude, qui serait mort il y
a peu d'années roi de Madagascar

« Ce n'est pas la première fois que l'existence de cette
prétendue succession a été signalée au public par la
voie des journaux, mais on aurait pu croire que cette
indication ne se reproduirait plus, après les avis offi-
ciels que les ministres des affaires étrangères et de la
marine ont fait publier à ce sujet. Ces avis, qui ont été
insérés dans les numéros du *Moniteur Officiel* des 12 e t
10 septembre 1832, portent en substance : « que d'après
les nombreuses réclamations adressées depuis douze ans
aux deux départements sur une succession importante
ouverte à Madagascar sous le nom de Bonnet, des recherches ont été effectuées avec soin auprès des autorités tant Françaises qu'Etrangères, à Madagascar, à
Bourbon, dans l'Inde et même en Angleterre, et qu'elles
n'ont pu faire découvrir la moindre trace de cette succession, ou de l'individu qui l'aurait laissée.

« Cette déclaration officielle, rapprochée d'ailleurs de
ce que présentent d'invraisemblable les divers récits publiés à ce sujet, doit suffire pour prouver que la succession Bonnet, comme la non moins fameuse succession Thierry, de Venise, n'est qu'une chimère. »

(12 juillet 1850)

« Par suite d'un avis inséré dans plusieurs journaux
et qui n'avait rien de sérieux, de nouvelles et nombreuses réclamations ont été adressées au département

de la marine au sujet d'une immense succession qu'un sieur Bonnet aurait laissée aux Antilles.

« Les réclamations précédentes désignaient ce personnonnage, comme étant mort soit dans l'Inde soit à Madagascar.

« On rappelle ici (voir *Moniteur* du 10 mars 1834), comme répon o péremptoire à tous les prétendus intéressés, qu'aucune succession semblable ne s'est ouverte dans une colonie quelconque, à la connaissance des ministres de la marine et des affaires étrangères, qui ont depuis longtemps épuisé tous les moyens possibles de recherches à ce sujet. »

(10 janvier 1854)

« Malgré les avertissements négatifs qui, depuis plus de vingt ans, ont été, à plusieurs reprises, publiés par le *Moniteur*, le ministre de la marine et des colonies reçoit encore fréquemment des demandes tendant à obtenir des renseignements sur l'existence, l'importance et les moyens de réalisation d'une succession Claude ou François Bonnet, qu'on énonce s'être ouverte dans l'Inde ou à Madagascar, et qui est habituellement évaluée par les réclamants à plusieurs millions.

« Ainsi que la déclaration en a déjà été faite dans les avertissements que nous venons de rappeler, le département de la marine et des colonies n'a qu'une réponse à faire à tous ceux qui s'adressent à lui, au sujet de cette succession prétendue : c'est que les recherches effectuées, soit par ses soins, soit par ceux du département des affaires étrangères sont toujours restées absolument sans résultat.

« Le ministre de la marine ne pourra désormais que se référer au présent avis, s'il lui parvient, au sujet de cette affaire, de nouvelles réclamations. »

Récemment les journaux parlèrent encore de cette succession : voici un article du *Petit Journal*, en date du 14 novembre 1894.

Aux héritiers Bonnet

« C'était prévu ! A la suite de l'article : « L'héritage de

M. Bonnet », que nous avons publié il y a quelques
jours, les demandes de renseignements émanant d'héritiers plus ou moins présomptifs pleuvent littéralement
au *Petit Journal*. Notre collaborateur Saint-Yves, le
rédacteur chargé de la *Petite Poste*, serait submergé
par ce flot toujours grossissant si nous ne venions à
son aide.

« Voilà tout ce que nous savons, tout ce que nous pou-
vons révéler sur ce fameux héritage qui allume tant de
convoitises.

D'abord il ne serait pas aussi gros qu'on l'a dit. Il
serait exactement de 3 millions de livres sterling, soit
75 millions de francs et non de 150 millions. C'est la
Compagnie royale des Indes, que représente aujour-
d'hui en Angleterre le secrétariat d'Etat des Indes, qui
aurait été dépositaire de la forte somme, qu'elle n'a
d'ailleurs jamais voulu lâcher.

« Ajoutons que si les dernières réponses reçues par des
pétitionnaires du Berry ne sont pas encourageantes,
ceux-ci se reportent pour ranimer leur espoir vers une
pièce des plus consolantes. Le document dont il s'agit
est le rapport de la septième commission parlementaire
présidée par l'amiral Vallon sur la pétition n° 634,
adressée à la Chambre des députés.

Ce rapport présenté par M. Signard et publié dans
le *Journal officiel* du 15 novembre 1890 débute ainsi :

« Les cohéritiers d'un sieur Bonnet (Claude-François),
décédé aux Indes, sollicitent l'intervention diplomatique
du gouvernement pour être mis en possession du montant de la succession de leur parent.

« Les quatre-vingt-cinq signataires de cette pétition
fondent leurs espérances et leurs réclamations sur les
faits suivants :

« L'auteur de la succession qu'ils revendiquent Claude-
François Bonnet, né le 23 août 1715, aux Fontenis,
canton de Rioz (Haute Saône), s'expatria à l'âge de
dix-huit ans, pour aller chercher au loin la fortune que
son humble naissance ne lui eût pas permis de gagner
en France.

« Au cours de ses voyages, il s'établit à Madagascar.
Son intelligente activité lui procura bientôt une bril-
lante situation commerciale et une telle notoriété que

les peuplades entre Tintingue et Nam-Tanosi le choi-
sirent pour leur roi.

« Dépossédé par les Hovas, il se réfugia à Calcutta où
il avait eu la sage prévoyance de faire passer la plus
grande partie des bénéfices réalisés dans son commerce
et dont il accrut encore l'importance par ses nouvelles
entreprises comme colon planteur et armateur. C'est
dans les environs de cette capitale des Indes anglaises
que Bonnet mourut vers 1793, sans héritiers directs, et
laissant une fortune évaluée à plus de 75 millions. »

Après avoir dit que les valeurs tant mobilières qu'im-
mobilières de Bonnet avaient été recueillies à son décès
par la Compagnie royale des Indes, après avoir rappelé
l'intervention du ministre de la marine en 1856, le rapport conclut ainsi :

« De cet exposé et des pièces justicatives produites à
l'appui, il résulte de fortes présomptions pour établir :

« 1° Qu'il existe une succession Bonnet ;

« 2° Que Claude-François Bonnet en est l'auteur ;

« 3° Que la Compagnie royale des Indes en a pris
l'administration. »

La pétition fut alors renvoyée au bienveillant examen
des ministres des colonies et des affaires étrangères.
Nous avons dit, l'autre jour, ce qu'il était advenu de
cet examen.

« Voilà tout ce que nous savons, tout ce que nous pou-
vons apprendre aux Bonnet, à ceux du moins qui se
croient les descendants de Bonnet Iᵉʳ, roi de Tintingue.
Ils peuvent donc se dispenser d'écrire à Saint-Yves ; il
ne leur révélerait rien de plus. »

Contrairement aux hypothèses émises par le distingué
collaborateur du *Petit Journal*, je reste convaincu que
cette succession n'existe pas plus que le serpent de
mer du *Constitutionnel*.

SUCCESSION BOYER

Un sieur Boyer serait décédé à Chicago, laissant 15
millions de dollars et pas d'héritiers connus. Je suis
persuadé que cette succession n'a jamais existé.

Il est bien décédé à Paris, le 9 juillet 1850, un ancien

président de la République d'Haïti, M. Jean Pierre Boyer, mais ce dernier n'a laissé qu'une succession relativement modeste et une fille. En outre, il avait fait un testament au profit de la fille d'un de ses amis.

SUCCESSION COLMON

Voici encore une succession à millions sur laquelle il m'a été impossible d'avoir aucun renseignement précis. — Voici ce que les journaux ont publié ; mais à mon avis cette succession n'existe pas.

Un héritage de 43 millions

« Un Français, nommé Colmon, ancien brigadier en chef de la milice de la compagnie des Indes néerlandaises, est mort en 1792 à Batavia, laissant une fortune de plusieurs millions. Il en avait légué les trois quarts à des parents hollandais et le dernier quart à une nièce qui est morte en 1820, à Paris, sans avoir touché sa part de succession. Les intérêts se sont accumulés depuis cette époque, et l'héritage se monte aujourd'hui à la somme de quarante-trois millions : mais le nombre des héritiers a augmenté en même temps : ils ne sont pas moins de cent cinquante-quatre. Les démarches et formalités accomplies jusqu'ici n'ayant point suffi à obtenir du gouvernement des Indes néerlandaises le payement des quarante-trois millions, des cohéritiers qui habitent pour la plupart la banlieue de Paris viennent de se constituer en syndicat en vue d'une action judiciaire.

« On sait peut-être que la milice des Indes néerlandaises est une sorte de légion étrangère, composée en majeure partie de volontaires belges et allemands racolés par des sergents recruteurs qui leur versent une prime d'engagement. C'est ainsi que le Français Colmon a pu être brigadier de la milice à Batavia et y mourir après y avoir gagné sa grande fortune. »

SUCCESSION DUBOIS (Jacques) DE BATAVIA

Un sieur Dubois serait décédé vers 1701 à Batavia ou

dans l'Ile de Java et sa succession comprenant 6 (ou 20) millions, aurait été déclarée vacante et se monterait aujourd'hui à 120 millions avec les intérêts accumulés. La succession appréhendée par le gouvernement hollandais est prescrite depuis 1830.

Une Société se constitua en Belgique en 1875 pour le recouvrement de cette succession, mais sans arriver à aucun résultat.

Le *de cujus* était paraît-il, directeur d'une Société commerciale dont le siège était à La Haye; il aurait prêté pour 99 ans sa fortune au gouvernement belge (ou au gouvernement hollandais) et il est décédé quelques années après avoir fait ce prêt.

Ma conviction est que cette succession n'a jamais existé.

Voici à ce sujet un article du *Figaro* du 28 décembre 1892.

POLICE CORRECTIONNELLE. — Les 25 millions de la succession Dubois. — NOUVELLES JUDICIAIRES.

« Une légende hollandaise à l'aide de laquelle il s'est commis nombre d'escroqueries, veut qu'un ancien administrateur de la Compagnie des Indes, nommé Dubois, soit mort à Batavia, au commencement du dix-huitième siècle, laissant une fortune de quinze millions.

« Ce Dubois, de Batavia, aurait légué pour 99 ans la jouissance de sa fortune à la Compagnie des Indes, laquelle aurait par la suite cédé ses droits au gouvernement hollandais.

« La légende ajoute que le gouvernement de La Haye avait fait une excellente affaire: Dubois de Batavia étant mort célibataire, sans parents connus, et aucun des innombrables Dubois qui couvrent la surface du monde n'étant en état de prouver qu'il descendait de l'ex-administrateur de la Compagnie des Indes, l'usufruit des 15 millions se prolongerait bien au delà du terme de 99 ans assigné par le testateur.

« Sur cette donnée légendaire, de nombreux filous se sont mis successivement en campagne depuis une trentaine d'années, à la recherche d'un Dubois naïf, auquel on persuaderait qu'il descendait du Dubois de Batavia.

« S'emparer de l'esprit candide de ce Dubois, lui exhiber une généalogie fabriquée, des parchemins sophistiqués, et surtout, lui extorquer ses économies pour payer les frais de recherches, les notaires et les avocats, tel était, invariablement, le plan mis en œuvre par les aigrefins de divers pays.

« Les convoitises de tous ces Dubois étaient soigneusement entretenues par des annonces publiées dans les journaux des Pays-Bas, et faisant appel aux héritiers du célèbre Dubois de Batavia.

« Or, il paraît avéré que ce Hollandais légendaire n'a jamais existé. C'est un Hollandais-fantôme, comme le « hollandais volant » de Richard Wagner. Comme toutes les histoires de successions vacantes, perpétuellement grossies de millions agglomérés, celle-ci ne tient pas debout. Elle n'a servi qu'à enrichir quelques filous et qu'à appauvrir quelques Dubois crédules.

« La dernière de ces victimes comparaissait hier, comme témoin, devant la 8ᵉ Chambre. C'est une demoiselle déjà mûre, originaire de Saint-Quentin, et possédant quelque fortune. Elle s'appelle Mlle Philippe, mais elle compte des Dubois dans sa parenté la plus proche. Il n'en fallut pas davantage pour amener un agent d'affaires, le baron de Castillon, gentilhomme tombé dans l'escroquerie, à convaincre Mlle Philippe qu'elle descendait authentiquement du Dubois de Batavia et qu'elle avait les droits les plus incontestables à revendiquer la fortune laissée par l'ancien administrateur de la Compagnie des Indes — 25 millions au total, avec les intérêts accumulés.

« Cette illusion, le baron de Castillon l'a entretenue pendant trois ans, avec l'aide de deux ou trois compères, parmi lesquels un nommé Barramé, présenté à Mlle Philippe comme un ancien ministre des Pays-Bas !

« Le baron de Castillon jurait à Mlle Philippe qu'il ne reculerait ni devant une mésalliance, ni devant l'opposition de sa famille, et qu'il était déterminé à l'épouser quand elle aurait obtenu du gouvernement hollandais la restitution des millions de son aïeul.

« Mais la tâche n'était pas facile ! Il fallait de l'argent, beaucoup d'agent ! Il en fallait pour donner des pots-de-vin aux ministres de la reine Wilhelmine, et à une ancienne amie du feu roi Guillaume, Mme Stolz, qui détenait des documents précieux sur l'héritage.

« Quand Mlle Philippe, dans sa modestie, se prenait à douter qu'elle descendît véritablement du millionnaire de la Compagnie des Indes, le baron de Castillon lui mettait sous les yeux sa généalogie, remontant jusqu'à 1715, et établissant une filiation non interrompue.

« Mlle Philippe signa pour près de 150,000 francs de billets, que le baron de Castillon et ses complices mirent en circulation et dont ils firent de l'argent à n'importe quel escompte, toujours sous le prétexte de payer des intermédiaires, d'approfondir les recherches, de collectionner d'irréfutables documents.

« Quand, au bout de rois années, enfin revenue de ses espérances, Mlle Philippe acquit la certitude que le Dubois de Batavia était un aïeul chimérique et imaginaire, et quand elle se décida à porter plainte contre les escrocs qui lui avaient monté cet énorme bateau, elle était pourchassée de tous côtés par les porteurs des billets qu'elle avait signés, et que le baron de Castillon et ses complices avaient passés dans le commerce.

« Il ne lui restait d'autre ressource que de porter plainte.

« C'est ce qu'elle fit, trop tard, hélas ! car le baron de Castillon avait pris la fuite et la 8e Chambre n'a plus trouvé, devant elle, que quelques comparses. »

SUCCESSION DUPONT (Alexis)

Voici une succession qui a été « lancée » récemment :

Un sieur Alexis Dupont, serait décédé en Pensylvanie, laissant 30 millions et n'ayant aucun héritier connu.

Inutile d'ajouter qu'on n'a jamais pu découvrir le lieu de décès de ce Dupont ni surtout les 30 millions.

Voici ce que les journaux ont publié à ce sujet :

Echo du Nord du 20 février 1884.

La succession Dupont

« Divers consuls belges aux États-Unis d'Amérique ont reçu des demandes de renseignements au sujet d'un sieur Alexis Dupont, originaire de Belgique, qui serait décédé en Pensylvanie en laissant disponible une fortune considérable. Nous avons fait connaître déjà qu'il n'était parvenu au département des affaires étrangères de Belgique aucun avis concernant le décès de la personne dont il s'agit.

« D'après une lettre toute récente du consul de Belgique à Philadelphie, les recherches qui ont eu lieu dans cette ville et dans différentes parties de l'État de Pensylvanie pour trouver trace de l'ouverture de la succession à laquelle on a fait allusion sont demeurées complètement infructueuses. »

La succession Dupont

« Il y a quelques jours une révélation des journaux belges a mis l'eau à la bouche, non-seulement des Dupont de Belgique, mais de France, en annonçant qu'un Dupont venait de mourir en Pensylvanie (Amérique), laissant une fortune évaluée à 30 millions.

Certes avec une pareille somme on pourrait donner satisfaction à tous les Dupont, mais comment découvrir le lieu habité par le défunt millionnaire ?

« Jusqu'ici le gouvernement belge n'a reçu aucun avis des autorités américaines.

« D'après des renseignements qui nous sont fournis, le Dupont en question pourrait bien être originaire de Kain, près de Tournai. Il est certain qu'un Dupont est parti en Amérique, il y a environ 60 ans. Il est revenu voir sa famille après une dizaine d'années d'absence.

« Il était déjà riche, à cette époque, et désirait vivement emmener avec lui une de ses sœurs, qui n'osa pas entreprendre ce grand voyage.

« Elle a, en maintes reprises, exprimé le regret de ce refus, comme se le rappellent encore des membres de sa famille.

« Est-ce ce Dupont qui aurait laissé les 30 millions ?

« L'affaire vaut la peine d'être suivie et on nous assure

que l'initiative des démarches va être prise par les parents, qui résident à Kain et à Lille. »

STEPHEN GIRARD

Stephen (ou Etienne) Girard, négociant est décédé à Philadelphie le 26 décembre 1831 laissant une fortune de plus de 20 millions, à la ville et à différents établissements de Philadelphie.

Par son testament il léguait également à ses frères et sœurs, neveux, nièces, différentes sommes et valeurs.

Les héritiers collatéraux ne peuvent donc avoir aucun droit à cette succession et contrairement aux affirmations de certains prétendants les héritiers très proches étaient connus au moment de l'ouverture de la succession.

LAPORTE

La pétition ci-dessous et le rapport de la commission donnent tous les renseignements sur cette succession, avec laquelle il ne faudrait pas bâtir de châteaux en Espagne.

D'après certains prétendants, la succession s'élevait à 4 millions.

Pétition 327

Le sieur Arnaud Mailles, représentant des héritiers d'un sieur Pierre Laporte, demeurant à Sabalos (Hautes-Pyrénées), s'adresse à la Chambre pour obtenir la restitution de tous les biens mobiliers et immobiliers que possédait ledit sieur Laporte dans la ville et le district de Santiago de Cuba, et qui avaient été illégalement saisis en 1808 et 1809 par les ordres du gouvernement espagnol.

Motifs de la Commission

Il résulte des pièces communiquées par le pétitionnaire que les héritiers de Pierre Laporte, sujet français, résidant à Saint-Domingue en 1807, sont incontestablement créanciers sur le gouvernement espagnol de sommes considérables qui, d'après les documents produits, paraissent s'élever aujourd'hui à environ quarante millions.

Cette créance à une double cause :

Tout d'abord, et en vertu d'un traité d'alliance, intervenu entre la France et l'Espagne en 1801, les deux pays se portèrent un mutuel secours dans la lutte engagée par la déclaration du blocus continental. Le gouvernement français délivra des lettres de marque aux armateurs et capitaines de navires disposés à se livrer à la course maritime ; et ce fut ainsi que, pourvu d'une commission délivrée par le général Ferrand capitaine général de la colonie de Saint-Dimingue, le corsaire *Le Réparateur*, fut armé dans ce port, par le français Pierre Laporte et mis en course vers la fin de 1805.

Ce navire entr'autre, opéra le 16 décembre 1807, celle de la frégate anglaise *La Semiramis* portant pavillon des Etat-Unis, et venant de Bône (Afrique) avec un chargement de 216 nègres, et la conduisit dans le port de Santiago de Cuba où la révolution de Saint-Domingue avait forcé Pierre Laporte à se réfugier avec les débris de sa fortune et de son commerce.

La frégate anglaise et son chargement furent vendus, mais la question de bonne prise devait amener des débats interminables, et le produit dut être séquestré dans les caisses du gouvernement espagnol, moins 15,816 piastres, retenues par Laporte pour être distribuées à l'équipage du *Corsaire*, et employées à payer les frais occasionnés par la prise.

Au milieu de ces débats, la guerre éclata entre la France et l'Espagne, Pierre Laporte, par représailles de guerre, fut incarcéré ; et non-seulement tous ses biens mobiliers et immobiliers furent saisis et séquestrés, mais il dut, pour recouvrer sa liberté, faire la consignation à la caisse royale de la somme de 15,816 piastres qu'il avait retenue sur le produit de la vente de la *Semiramis* et de son chargement.

Depuis lors, de nombreuses décisions sont intervenues qui ont déclaré valable la prise de ladite frégate, et qui ont ordonné la restitution de toutes les sommes consignées et des biens séquestrés ; mais quels qu'aient été

les efforts des héritiers Laporte, ils n'ont jamais rien pu obtenir. Après avoir démontré par des états de liquidation, non contestés, que leur créance pouvait s'élever, avec les intérêts et les fruits des immeubles séquestrés (notamment ceux d'une caféière considérable), que leur créance pouvait s'élever à environ 40 millions, ils ont offert de transiger moyennant le paiement comptant d'une somme de trois millions de piastres fortes ; mais leurs concessions, sous ce rapport, n'ont pu amener jusqu'à ce jour, aucune solution favorable.

Il importe, cependant, de faire remarquer qu'aux termes de l'article additionnel du traité de paix du 20 juillet 1814, intervenu entre la France et l'Espagne, il avait été formellement stipulé « que les propriétés de quelque nature qu'elles soient, possédées en France par les Espagnols ou par les Français en Espagne, leur seraient restituées dans l'état où elles se trouvaient au moment du séquestre ou de la confiscation... »

La 6ᵉ Commission des pétitions doit ajouter, à cet égard, que depuis 1856, de nombreuses réclamations ont été adressées au gouvernement espagnol par la voie diplomatique ; et s'il ressort des documents produits qu'au moment où se faisait l'échange de cette correspondance entre le Ministre des Affaires étrangères de France et le Ministre d'État du gouvernement espagnol, c'est-à-dire en 1862, 1865, 1867, 1871, toutes les difficultés n'étaient pas encore absolument tranchées, il paraît incontestable, aujourd'hui par l'avis du *Fiscal général du Conseil suprême de la guerre*, en date du 25 février 1873, que tous les biens mobiliers et immobiliers du sieur Pierre Laporte doivent lui être restitués.

Dans cette situation, la 6ᵉ Commission voit avec regret qu'un gouvernement qui entretient avec la France des relations de véritable et sincère amitié, puisse à ce point se montrer récalcitrant dans la restitution de biens considérables qu'il détient indûment, et au mépris des stipulations du traité du 20 juillet 1814.

Les droits et les revendications des héritiers Laporte ne s'appuient pas seulement sur de nombreuses décisions irrévocables, rendues par les tribunaux compétents ; ils sont expressément garantis par un traité de paix qui lie l'Espagne envers la France et ses nationaux

La 6ᵉ Commission propose, en conséquence, de ren-
voyer la pétition des héritiers Laporte à M. le Ministre
des Affaires étrangères, en la recommandant à toute sa
sollicitude. (*Renvoi au ministre des Affaires étrangères*).

MALLET

600 millions en Amérique

Tel est le titre avec lequel cette succession fut annon-
cée dans les journaux.

En réalité on n'a jamais découvert le décès Mallet,
ni aucun des 600 millions annoncés.

Voici d'ailleurs quelques articles de journaux concernant cette succession.

Du *Petit Journal* du 28 septembre 1888.

« Les journaux de Limoges annonçaient, il y a quelques jours, que M. Mallet, curé de la Croisille (Haute-
Vienne), venait d'hériter d'un oncle d'Amérique de
45 millions.

« Cette nouvelle fit très rapidement le tour de la presse
française, et certes, ils sont nombreux, ceux qui ont
envié le bonheur de l'obscur curé de campagne.

« Eh bien ! le fait ainsi présenté n'est pas tout à fait
exact, et M. le desservant de la Croisille ne rentrera
pas sans encombre dans sa prodigieuse succession.

« En effet, voici dans quelle fausse situation il se trouve ;
cela vaut la peine d'être raconté.

« Il y a quelque temps mourait à Limoges une veuve
née Mallet (nous croyons devoir taire le nom de son
mari). Au moment suprême, elle confia à un de ses
neveux qu'un héritage considérable revenant aux Mallet était en litige en Amérique. Pour des raisons toutes
personnelles, elle n'avait rien fait pour entrer en possession de cette immense fortune, mais elle ne voulait
pas qu'elle fût perdue pour ses héritiers ; puis elle
ajouta : « Un monsieur Mallet, curé à la Croisille, est
possesseur de toutes les pièces ; je ne sais comment il
a réussi à se les approprier, mais ce que je sais bien,
c'est qu'il n'est pas notre parent et qu'il n'a aucun droit
à cette succession ; il a seulement bénéficié d'une homo-
nymie. »

« La dame mourut et son neveu fit part au docteur T...,
marié à une demoiselle Mallet, de la révélation suprême
qu'il avait recueillie.

« Cela valait la peine qu'on s'en occupât, et le docteur
T..., fort honorablement connu dans notre ville, se mit
à piocher comme un bénédictin l'arbre généalogique
des Mallet ; les registres de l'état civil et les registres
paroissiaux sur les lesquels ils avaient figuré. Il remonta
aussi loin qu'il lui fut possible, il s'entoura de toutes
sortes de documents et de renseignements et il acquit
la quasi-certitude qu'un Mallet, grand-oncle ou arrière-
grand-oncle de sa femme, était allé en Amérique en
1785 et y était mort en 1818, laissant une fortune
évaluée à 18 millions.

« Il apprit, en outre, que M. le curé de la Croisille
était le fils de modestes cultivateurs de Saint-Victurnien et qu'aucun de ses ancêtres n'avait quitté le pays.

« Fort de ces constatations, le docteur T... écrivit une
lettre à M. le curé de la Croisille, le priant, très poli-
ment, de vouloir bien lui donner communication des
fameuses pièces dont il était détenteur.

« M. le curé ne répondit pas.

« A une deuxième lettre du docteur il opposa le même
silence obstiné ; enfin à une troisième mise en demeure
il répondit en termes très secs qu'il n'avait rien à com-
muniquer à qui que ce soit.

« Depuis 1803, disait-il, il était, en effet, en possession
de titres établissant ses droits à la succession d'un
Mallet, mort à X..., en Amérique ; il avait des pièces
authentiques et irréfutables, mais il les gardait devers
lui et il n'accorderait à personne le droit de feuilleter
dans ses papiers de famille.

« Malgré la sécheresse et la vivacité de cette réplique,
le docteur T... ne se tint pas pour battu, au contraire :
ses espérances ne firent que s'accroître puisque la révélation de la mourante était corroborée par le détenteur
des pièces lui-même.

« Il vient d'écrire à M. le curé de la Croisille une lettre
où il juge sévèrement la conduite de cet ecclésiastique.

« De deux choses l'une, lui dit-il en substance, ou

vous êtes l'héritier véritable ou vous ne l'êtes pas. Si vous avez des droits réels à cette succession, la communication des pièces ne saurait vous les enlever ; si vous n'en avez pas, la possesion des pièces que vous cachez avec un soin si jaloux ne saurait légalement vous en donner.

« Dans les deux cas, vous agissez en mauvais chrétien, parce que vous faites à autrui ce que vous ne voudriez pas qu'on vous fît. Il se peut, en somme, que moi-même je ne sois pas le véritable, ou tout au moins l'unique héritier ; les Mallet sont nombreux à Limoges, et peut-être laissez-vous dans la misère de pauvres gens auquel revient tout au moins une parcelle de cette immense fortune que vous tenez éloignée d'eux comme de vous.

« Cette attitude n'est pas compatible avec le caractère sacré dont vous êtes revêtu ; je vous somme, une dernière fois, de me donner communication des pièces que vous possédez et je vous préviens que si jeudi 10 septembre je n'ai reçu aucune lettre de vous, j'irai à l'évêché rendre compte à votre supérieur hiérarchique de votre façon d'agir en attendant que j'emploie vis-à-vis de vous des moyens plus efficaces. »

.·.

« Avant-hier aucune réponse n'était encore parvenue à M. le docteur T., et il est bien résolu à se rendre à l'évêché comme il l'a promis.

« L'affaire en est là.

« Il est donc permis à tous les Mallet d'avoir une lueur d'espérance plus ou moins fugitive ; la question vaut ma foi qu'on s'en occupe.

« En effet, aux termes de la loi américaine, non seulement il n'y a jamais prescription en matière d'héritage, mais le bienheureux héritier touche, à quelque moment qu'il se présente, non seulement le capital à lui échu, mais encore l'intérêt de ce capital.

« Or, une somme se doublant tous les quatorze ans par les intérêts composés, 18 millions depuis 1818 représenteraient près de 600 millions.

« Il y a de quoi, comme on voit, faire le bonheur, ou tout au moins la fortune, de plusieurs Mallet.

« A tout hasard, le docteur T... et son parent ont mis l'embargo sur cet héritage fantastique : ils ont pris, en effet, leurs dispositions pour qu'aucune succession ne soit délivrée aux Etats-Unis, sans les prévenir, à aucun Mallet.

« C'est prudent, étant donné que le malin curé de la Croisille a, dans sa lettre, remplacé par un X... le nom de la ville américaine où est mort l'oncle Mallet. »

Petit Journal du 11 octobre 1888.

« Nous recevons de M. le docteur Thouvenet la lettre suivante. Elle fixera les nombreux Mallet qui nous écrivent au sujet de l'héritage de 600 millions.

Limoges, le 8 octobre 1888.

« Monsieur le directeur,

« Comme vous et pour les mêmes m o tifs, j'adresse par la voie du journal une réponse à t⁰us ceux qui ont l'heur de porter le nom de Mallet.

« Assailli de demandes de renseignements, je suis déjà débordé, mes occupations ne me laissant pas le temps de répondre à tout le monde, malgré mon vif désir d'être agréable à tous.

« Voici les renseignements que je puis donner ; que chacun en fasse son profit.

« Si le merveilleux héritage dont la presse a multiplié à l'envi les chiffres existe, ce que je ne puis garantir, le fait étant seulement probable pour moi, il appartient aux descendants d'Antoine Mallet, notaire à Saint-Victurnien, département de la Haute-Vienne, puisqu'il a été laissé par son plus jeune fils, Antoine eut treize enfants qui sont :

Jean-Antoine, né le 23 décembre 1739.
Elisabeth, née le 20 janvier 1741.
Elisabeh, née le 10 septembre 1742.
Jean, né le 10 novembre 1743.
Marie-Anne, née le 30 janvier 1745.
Marie-Anne, née le 9 mars 1746.
Léonard, né le 18 décembre 1748.
Simon, né le 21 mars 1750.
Pierre, né le 7 juillet 1751.

Elisabeth, née le 7 octobre 1752.
Etienne, né le 4 août 1754.
Etienne, né le 20 juillet 1756.
Joseph, né le 22 janvier 1759.

« Elisabeth née en 1742 est morte en 1745. Tous les autres paraissent avoir fourni une plus longue carrière. Jean-Antoine est le grand-père de Mme Thouvenet. Jean est le grand-père de M. le curé de la Croisille. Je ne connais aucun représentant des autres frères, ce qui ne veut pas dire qu'il n'y en pas. Le champ est donc ouvert aux espérances de tous ceux qui pensent pouvoir être les petits-fils de l'un des frères de l'Américain qui, d'après M. le curé, serait Joseph. — Est-ce bien sûr ? N'ayant pu prendre connaissance des pièces et lettres qu'il possède, je n'ai pas d'opinion arrêtée sur bien des points. Toutes les personnes qui croiront avoir intérêt à le faire pourront s'adresser, pour établir leur généalogie, à M. le secrétaire de la mairie de Saint-Victurnien ; moyennant la rétribution due pour recherche dans les archives, il pourra fournir les renseignements nécessaires.

« Je n'en sais pas plus long, je poursuis mes recherches et promets de tenir le public au courant des phases que suivra cette intéressante question.

« Agréez, monsieur le rédacteur, l'assurance de ma considération la plus distinguée.

« Dr THOUVENET. »

NETZGER

Voici sur cette succession un article de journal ; il me semble impossible qu'elle ne soit pas proscrite. D'ailleurs l'existence des millions me semble bien problématique.

Les héritages en Hollande. — Les 140 millions du général
Thiébaud Metzger

« On a parlé d'un héritage de 40 millions détenus par le gouvernement hollandais. Ce n'est pas le premier que ce pays s'approprie, ainsi que nous le signale un descendant du général Metzger.

« Le 23 février 1691 décédait à la Haye Thiébaud Metzger de Weibenum, lieutenant général de la cavalerie hollandaise et gouverneur de Bréda, laissant une fortune immobilière de 140 millions.

« Guillaume d'Orange en homme positif et en qualité de baron de Bréda, invoqua le droit d'aubaine et la législation alors en vigueur dans les Pays-Bas pour prendre possession de la succession jusqu'à que l'on sût si le défunt avait laissé un testament.

« Or il paraît que le général avait laissé un testament qui ne fut produit qu'en 1004. Et Guillaume III décréta que la succession lui était dévolue. Dès 1701, des parents de Thiébaud Metzger adressaient une première requête aux Etats généraux, et en 1704 n'ayant pu rien obtenir amiablement, ils prirent la voie judiciaire, assignèrent devant la Cour judiciaire de Hollande, les présidents et conseillers du conseil du domaine et des comptes détenteurs de la succession. En 1773, jugement de rejet déclarant qu'il y avait prescription.

« En 1775 appel et confirmation en 1777, mais fondée cette fois sur ce que la qualité des héritiers n'était pas suffisamment prouvée. En 1708, après la découverte du testament par l'organe du peuple batave, les héritiers furent invités à se faire connaître. En 1820, les ambassadeurs de Bavière et d'Autriche s'occupèrent de la question dans l'intérêt de leurs nationaux intéressés, les invitant à établir leur généralogie. En 1838, nouvelle requête des héritiers que, en 1842, la haute cour des Pays-Bas rejeta en invoquant l'arrêt de 1773 sans faire mention de l'arrêt de 1777. Nouvel appel en 1874, dernière action judiciaire en vue d'échapper à la prescription trentenaire.

« Aujourd'hui, les héritiers ont constitué à Saint-Louis (Alsace) un comité chargé de poursuivre par la voie diplomatique la reconnaissance de leurs droits et le président de ce comité vient d'adresser aux deux Chambres françaises, suisse et américaine, afin de les prier de faire agir à La Haye les représentants de leurs pays. L'affaire a quelque importance, quand l'on songe que les 140 millions du général Thiebaud Metzger, par suite de l'intérêt composé pendant 186 années et demi (les calculs sont joints à la pétition), ne représentant pas moins de 1,256 milliards 150 millions 896,000 francs. Mais quelle que soit l'insistance ou plutôt le sort des héritiers, il est douteux que l'on tienne compte aux héritiers de cette capitalisation. Tout l'or du monde n'y suffirait pas.

« Le comité dont on parlé s'est dissous depuis. Il s'en était formé un autre à Paris, mais il doit être dissous comme le premier, car il ne donne plus signe de vie. Il est certain que les ayants droit ne revendiquent pas les intérêts depuis 1691, mais ils voudraient au moins partie du capital ou des intérêts annuels.

RENARD

Comme on l'a remarqué les successions à millions ont toujours un *de cujus* ayant un nom très répandu. Cette succession Renard ne fait pas exception à la règle. Mais pas plus que pour beaucoup des autres successions légendaires, on n'a découvert ni le décès ni les millions.

Voici deux articles de journaux sur cette succession.

De *la France* du 22 janvier 1878.

Une succession de 54 millions

« En 1858 mourait à Sourabaya un Français, nommé Renard, qui n'avait qu'un enfant, disparu plusieurs années avant la mort de son père. Aujourd'hui ce fils n'a pas reparu, et dans quelques années le terme de trente ans fixé par la loi sera expiré. La fortune, grâce aux intérêts composés, monte à soixante-quatre millions, qui vont probablement être partagés entre les descendants dudit Renard. Jusqu'à présent, on a découvert des héritiers en France, en Hollande et en Belgique; la branche belge est représentée par trois familles de Bruxelles: le général Renard, inspecteur général de la garde civique; la famille Van Parys-Parvillez et la famille Renard-Borel, à laquelle appartient M. *Beernaert*-Borel, ministre des travaux publics en Belgique. »

On lit dans le *Moniteur de l'Oise* :

« Le bruit court en ce moment, à Crépy-en-Valois, qu'un homme, portant le nom de Renard, né aux environs de cette ville et dont on recherche les héritiers, serait mort, il y a près de trente ans, laissant une fortune de soixante millions.

« On dit, à ce sujet, qu'il existe à Crépy une famille d'honnêtes ouvriers dont un des membres, nommé Zacharie Renard, est parti il y a plus de soixante cinq ans ; il a quitté le pays pour être soldat et assisté à plusieurs batailles sous le premier empire. Depuis lors, il n'a jamais donné de ses nouvelles et est disparu sans laisser aucune trace.

« Il ne serait pas invraisemblable que le riche défunt ne fut autre que Zacharie Renard, dont la succession surprendrait ainsi ses parents et leur causerait à tous une si grande satisfaction. »

RICARD

Encore une succession absolument fantastique au sujet de laquelle je donne simplement la copie d'un article de journal belge, le *Jour* de Bruxelles, du 31 décembre 1891.

Un legs de trois mille milliards

« A la fin de l'année 1794, — il y a juste un siècle de cela, raconte un de nos confrères, — mourut dans une petite ville d'Angleterre un humble professeur d'arithmétique, un Français du nom de Fortuné Ricard.

« Voici le résumé de son testament, curieux et intéressant, comme on va le voir, à plus d'un titre.

« Après l'énumération de legs sans importance faits à de rares amis, Fortuné Ricard étant mort sans postérité, le testateur continue :

« Reste une somme de *500 livres.* — J'avais huit ans lorsque mon grand-père m'apprit l'écriture et le calcul. C'est lui qui le premier m'expliqua qu'un capital placé à 5 p. c. deviendrait, au bout de cent ans, 131 fois plus grand, grâce aux intérêts composés. Voyant que je prenais un vif plaisir à ses leçons, mon grand-père prit de sa poche 24 livres dont il me fit cadeau en me recommandant de les faire fructifier.

« Aujourd'hui que j'ai 71 ans, ma petite fortune d'alors a grossi; elle s'élève à 500 livres.

« J'entends en disposer comme suit : — Partagée en *cinq* parties de 100 livres, cette somme sera placée à intérêts composés comme les 24 livres dont elle provient.

« Au bout de cent ans, la première partie aura produit 13,100 livres (145,550 francs). Cette somme sera destinée à récompenser et à publier un ouvrage *théologique* sur la moralité du placement de l'argent et de sa fructification.

« Au bout de deux cents ans, la seconde partie aura produit 1,700,000 livres (155,082,500 francs) qui seront employés à des prix de vertu, de littérature, de science, de mathématiques, d'adresse, etc.

« Au bout de trois cents ans, la troisième partie — toujours de 100 livres — aura produit 226,000,000 de livres (2,750,000,000 de francs) destinés à la fondation de banques populaires, de bibliothèques, de théâtres et de musées « gratuits » à Paris, Lyon, Bordeaux, Rouen, Rennes, Lille, Nancy, Tours, Toulouse, Aix et Grenoble.

« Au bout de quatre cents ans, la quatrième part aura produit trois mille millions de livres (33,250,000,000 de francs), qui seront employées à construire entièrement, dans les sites les plus pittoresques de la France, cent villes capables de contenir chacune 150,000 âmes.

« Enfin, au bout de cinq cents ans, la dernière part de 100 livres, qui s'élèvera alors à trois mille quatre cents milliards de livres (3,400,000,000,000 de francs), sera divisée elle-même en deux parties : un tiers (1,134 milliards) devra servir à payer la dette de la France; les deux autres tiers (2,266 milliards) seront consacrés à liquider celle de l'Angleterre.

« Ces derniers legs, ajoute le testateur je ne les institue qu'à une condition formelle : à savoir que les rois ou les princes régnant alors *feront passer un examen d'arithmétique à leur ministre des finances*. Mes exécuteurs remarqueront la somme considérable que je laisse en vue d'éteindre la dette de ces deux pays.

Quelles que soient la capacité des ministres qui se succéderont aux finances anglaise et française, j'estime après mes calculs que dans 500 ans la dette aura atteint le chiffre fixé par moi plus haut.

« Je supplie le peuple anglais de ne pas refuser ce don d'un homme qui, bien que né en France est animé d'un grand amour pour l'Angleterre où il a passé ses derniers jours. En retour, je demande avec insistance que la nation anglaise cesse d'appeler la France son ennemie héréditaire et la traite au contraire de loyale amitié. »

Par différents codicilles, Ricard léguait en outre diverses sommes importantes pour l'encouragement des peuples à la paix, — pour l'augmentation du traitement des prêtres (à la condition toutefois que le clergé ne recevra aucun honoraire pour la célébration des messes), — pour le développement de l'instruction et pour la généralisation de l'emploi des femmes.

Comment on peut le constater pour chimérique qu'il ait été, ce fortuné Ricard était à la fois un vrai philanthrope et un audacieux novateur en son époque.

Dans quatre siècles, la France aura-t-elle un passif de onze cent mille millons? Nul ne saurait le dire bien que, du train dont on va, la chose ne soit pas improbable.

On ne doit pas moins au passage, un souvenir à cet obscur mathématicien qui, du fond de la tombe, semble donner avec tant d'à-propos à tous les financiers de cette fin de siècle sa dernière leçon d'arithmétique...

THIERRY (de Venise)

Comme la succession Benoist-Dumas, la succession Thierry de Venise a certainement existé, mais malheureusement pour les héritiers de ces deux successions à millions véritables, à mon avis, leurs droits sonts prescrits depuis longtemps.

Voici les articles des journaux qui donneront la physionomie complète de l'affaire et les renseignements sur cette succession colossale.

Gazette des Tribunaux, 7 et 8 mars 1870.

TRIBUNAL CIVIL DE LA SEINE (1re ch.). — Présidence de M. Vivien. — *Audience du 1er mars.* — Succession de Jean Thierry. — Nouveaux prétendants. — 20 millions de francs. — Action contre le trésor public. — Fin de non-recevoir.

Depuis plus de deux cent sans, à des intervalles plus ou moins longs, la succession Thierry a le privilège de susciter, soit devant les tribunaux français, soit devant les tribunaux de Venise, des prétendants nouveaux et que ne décourage pas le nombre considérable de ceux que la commission d'enquête réunie à la fin du dix-huitième siècle et les décisions judiciaires intervenues depuis ont successivement éliminés. On compte en France environ 1500 personne soi-disant intéressées directement ou indirectement dans cette affaire.

« L'importance de la succession était évaluée, sous le premier Empire, à vingt millions auxquels il convient d'ajouter les intérêts non touchés courus depuis 1707.

« Nous rappelons en quelques mots les faits qui ont donné naissance à cette affaire et qui empruntent au temps, à l'origine de la fortune de Jean Thierry et à son chiffre un côté merveilleux, bien digne d'éveiller l'intérêt et la curiosité.

« Athanase Tipaldy, né à Napoli (Corée), commerçant navigateur du dix-septième siècle, acquit dans ses voyages une immense fortune, qui consistait notamment en immeubles situés à Corfou, en rentes sur l'Hôtel-de-Ville de Paris et en dépôts à la Zecca (Banque de Venise).

« Ce Tipaldy avait rencontré à Brescia un jeune homme, Jean Thiery, garçon d'hôtel, que l'esprit aventureux et l'absence de toute fortune personnelle avaient poussé à quitter son pays et sa famille. Il prit en amitié ce jeune homme et lui proposa d'entrer à son service. Jean Thiery accepta, et, après un certain nombre d'années pendant lesquelles il était devenu le compagnon et l'ami de Tipaldy, ce dernier l'institua son héritier, par testament passé devant un notaire de Corfou, nommé Santomida.

« Le même notaire reçut quelques années plus tard, le 10 février 1654, le testament de Jean Thiery ; une

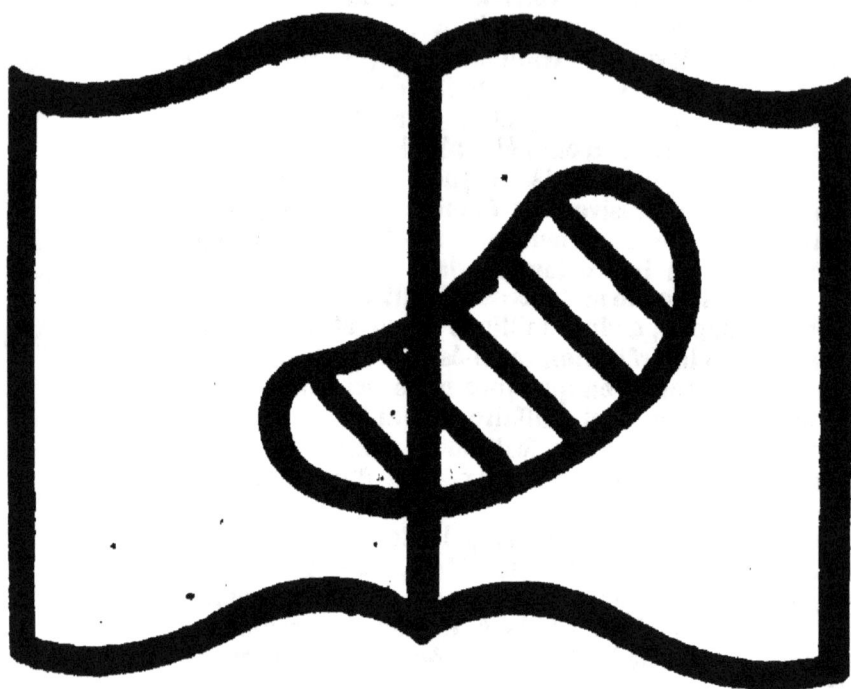

Illisibilité partielle

copie de cette pièce était déposée en 1780 au greffe de la Chambre des domaines, et le 30 mars 1782, la traduction fidèle en fut déposée dans l'étude de Me Trubert, notaire à Paris. »

Voici le texte de ce testament :

« Au nom du Seigneur. Ainsi soit-il.

« L'an de grâce 1654 le 10 février, est comparu en mon étude de Corfou près l'église métropole appelée Saint-Spiridion et par devant moi, Santomida, notaire public de la ville de Corfou et de tout l'État vénitien. Je dis qu'est comparu par devant moi Jean Thiery, sain d'esprit et de corps, français de nation, de la province de Champagne, du lieu dit Château-Thiery, diocèse de Reims, fameux marchand et négociant-navigateur, lequel a déclaré par devant moi et les témoins soussignés vouloir faire son testament, en me signifiant sa dernière volonté et avoir intention de se retirer dans la capitale de Venise et d'y vivre et mourir dans la maison de Mora ainsi qu'il l'a déclaré, et comme il est aussi certain que nous mourrons, que l'heure de notre mort est incertaine, en conséquence il voulait donner son âme à Dieu, son corps à la terre et disposer de ses biens conformément à son bon plaisir et à sa conscience.

« Avant toute chose, on doit savoir que mon nom est Jean et surnom Thiery ; j'ai été baptisé sur la paroisse de Château-Thiery en Champagne ; quant à mon âge je ne le sais pas positivement, ayant perdu tous mes papiers dans les différents dangers que j'ai couru en mer. Il y a cert-vingt ans que notre famille prend son origine en Lorraine ; elle se divise en trois branches desquelles l'une se trouve dans la ville de Basle, l'autre en Lorraine, et la dernière de laquelle je suis né, en Champagne. Mon grand-père, gent d'armes du roi de France, nommé Robert Thiery, il a eu trois fils desquels l'un se nomme Pierre, l'autre Claude, et moi présent en cette étude, je me nomme Jean, et j'ai été baptisé à Château-Thiery, et je suis fils de François Thiery, dudit lieu de Château-Thiery et ma mère se nomme Françoise Brice, laquelle a été baptisée à

Amans en Franche-Comté de Bourgogne et est morte à Entrai, diocèse de Langres.

« Item, ma fuite de mon pays a été inconnue; je me suis expatrié lorsque j'ai eu reconnu que je n'avais pas de biens, de patrimoine. Voulant tenter la fortune, je suis venu en Italie et me suis mis garçon à l'auberge de la Tour dans la ville de Brescia, Etat de Venise; j'y trouvai un marchand étranger, grec de nation, nommé Athanase Tipaldy; il me proposa de voyager dans le monde, ce que j'acceptai sur le champ et ayant commencé à négocier avec lui qui était très riche marchand sans enfants, il me prit en amitié, et comme il n'avait aucun parent, étant fils naturel de la maison Tipaldy sans rejetons de Napoli de Romanie, y ayant deux branches ledit Athanase Tipaldy étant vieux et accablé d'infirmités, il me laissa toute sa fortune tant sur mer que sur terre, ses biens consistant en trois navires marchands, en 800 mille écus vénitiens dits écus à la croix, lesquels sont placés sur la banque générale appelée la Zecca (ou hôtel des Monoyes), de Venise, et il dépend de moi de les retirer quand bon me semblera et quand je jugerai à propos, ainsi qu'il appert par le testament de mon bienfaiteur Athanase, fait à Corfou, l'an 1736, le 1er août et dont l'acte a été reçu par le notaire présent appelé Santomida. Je suis dans la 75e année de mon âge, je veux me retirer en la ville capitale de Venise pour y vivre et mourir en la grâce de Dieu. »

Après avoir donné quelques indications sur sa généalogie, indications que l'on retrouvera plus loin, le testateur continue ainsi :

« Item, j'ai fait ledit testament à Corfou pour ne donner soupçon à qui que ce soit de mes richesses et de ma fortune, afin de ne pas être inquiété soit par des amis, soit par des parents, le peu de temps qui me reste à vivre, et je veux passer le reste de mes jours à soigner des pauvres par charité, ayant appris quelques secrets dans le cours de mes voyages en mer.

« Item, je laisse tout ce qui est énoncé au testament de mon maître et bienfaiteur Tipaldy, à mes héritiers ci-dessus nommés.

« Item, je laisse pour le repos de mon âme 6.000 messes à la volonté du confesseur qui m'assistera au moment de la mort.

« Item, je laisse tous mes habits aux pauvres, et nomme exécuteur testamentaire le N. N. Mora.

« Item, je laisse 2,000 écus à l'église de Château-Thiery pour un anniversaire perpétuel pour le repos de mon âme.

« Item, je laisse à l'église Saint-Spiridion de Corfou 200 ducats une fois payés.

« Item, je laissse à mon confesseur 500 ducats d'argent, lesquels seront pris dans mon coffre.

« Item, je laisse tout le reste de ma succession à mes vrais et légitimes héritiers ci-dessus déclarés et nommés.

« Item, je veux et entends que les exécuteurs de mon présent testament ne soient point inquiétés ni obligés de rendre aucun compte soit à mes héritiers soit à toute autre personne; mais qu'ils jouissent tranquillement et paisiblement de tous les biens que je leur laisse.

« Le présent testament a été fait à Corfou et reçu par moi, Santomida, de la ville de Corfou, notaire public de tout le sérénissime État et ses dépendances, le 16 février de la présente année 1634, en mon étude; en foi de quoi j'ai signé avec le susdit Jean Thiery, en présence des témoins soussignés: signé Santomida, notaire; signé Jean Thiery, de ma propre main; signé Angelo Animo et Zonchi.

« Lesdits testaments sont en parchemin et scellés du sceau de la République de Venise. »

Depuis la mort de Jean Thiery jusqu'en 1707, de nombreux prétendants se présentèrent pour recueillir la succession. Quelques-uns, plus heureux que les autres, reçurent pendant un certain temps les revenus de sommes déposées à la Zecca; aucune portion du capital ne fut touchée.

Lorsque Bonaparte se rendit maître de Venise, en 1707, la succession Thiery était l'objet de la préoccupation du gouvernement français, ainsi que le prouvent les pièces et les lettres suivantes:

« ..... Réunir toutes les archives de Venise et procéder à leur vérification.

« Art. 5. Toutes les pièces, correspondances et actes, qui peuvent intéresser le gouvernement français, seront séparées pour être inventoriées, visées et paraphées et scellées.

« Signé : BONAPARTE. »

Le général en chef de l'armée d'Italie au pouvoir exécutif

« Montebello, 8 prairial an I (17 mai 1797).

« Nous prendrons les vaisseaux, nous dépouillerons l'arsenal, nous enlèverons tous les canons, nous détruirons la banque.

« Signé : BONAPARTE. »

« *Bonaparte au Directoire exécutif*

« Quartier général, 11 floréal an V (1er mai 1797).

« ..... Le Sénat m'a envoyé à Gratz une députation. Je l'ai traitée comme elle le méritait. Ils m'ont demandé ce que je voulais. Je leur ai dit de mettre en liberté tous ceux qu'ils avaient arrêtés, ce sont les plus riches de la terre ferme qu'ils suspectent d'être nos amis, parce qu'ils nous ont bien accueillis : de désarmer tous les paysans, de congédier une partie de leurs Esclavons, puisqu'un armement extraordinaire est inutile; de chasser le ministre de l'Angleterre qui a fomenté tous les troubles et qui est le premier à se promener, le lion de Saint-Marc sur sa gondole, avec la cocarde vénitienne qu'il porte depuis qu'ils nous assassinent ; « de remettre dans nos mains la succession Thiery, qui est évaluée à 20 millions. »

Les Tribunaux français ont, depuis cette époque, rendu sur les procès intentés par divers prétendants des jugements qui repoussent les demandes formées, et ce, par le motif que les demandeurs ne justifiaient pas suffisamment de leur qualité d'héritier.

Un nouveau procès a été intenté par une dame, Rosalie Cotton, qui s'est efforcée d'établir ses droits à la succession Thiery, et le fait par le gouvernement français de s'être emparé des valeurs trouvées à Venise par le général Bonaparte.

Mᵉ Hendlé, avocat de la dame Cotton, a soutenu sa demande qui a été combattue par Mᵉ Busson-Billault, avocat de l'administration du Trésor.

Le Tribunal, après une réplique de Mᵉ Lachaud, avocat d'autres intéressés intervenants, a, sur les conclusions conformes de M. l'avocat impérial Manuel, rendu le jugement suivant :

« Le Tribunal

« Attendu qu'il s'agit d'une pétition d'hérédité ou demande en restitution de l'actif de la succession de Jean Thiery, tombée en déshérence, dirigée contre l'État détenteur, par les époux Cotton et consorts, se prétendant héritiers dudit Jean Thiery ;

« Qu'ils concluent en effet contre l'État afin d'être mis en possession de la succession qu'il aurait appréhendée, et en reddition de compte de valeurs transférées du Trésor public de Venise la Zecca au Trésor français ;

« Attendu que, sans examiner s'ils justifient de leur qualité d'héritiers, le préfet de la Seine, assigné comme représentant l'État, oppose à cette action :

Que l'État n'a jamais appréhendé la succession Thiery à titre de déshérence, et n'a point dès lors à répondre à une demande d'envoi en possession ;

« Que s'ils entendent exercer les droits de créanciers comme héritiers en se fondant sur ce que des valeurs déposées par Jean Thiery à la Zecca, qui en servait les intérêts, auraient été transférées en 1797 au gouvernement français qui en serait devenu débiteur, ils auraient à actionner le Trésor public en la personne de son agent judiciaire ;

« Attendu que les lettres de Bonaparte, général en chef de l'armée d'Italie au Directoire exécutif, des 30 avril et 17 mai 1797, qui rendent compte de la situation des choses dans la république de Venise, des menaces de vengeance qu'il a faites au plénipotentiaire vénitien, des satisfactions qu'il a exigées, et parmi celles-ci de la demande de remise en ses mains de la succession Thiery, évaluée 20 millions, de son intention de dépouiller l'arsenal de Venise et de détruire la Banque, la révolution qui s'est opérée dans le même mois de mai à Venise, l'ordre du jour du même

général qui ordonne la réunion de toutes les archives
de Venise, le classement et l'inventaire de tous les papiers intéressant le gouvernement français, et enfin la
lettre du général Berthier au même Directoire, du
11 janvier 1798, faisant connaître qu'il n'existe plus
rien à Venise, et que tout a été transporté dans les
ports français, détruit ou vendu, sont des documents et
faits historiques qui ne prouvent pas que le vainqueur
ait trouvé dans la Zecca les 800,000 écus d'or à la croix
déposés à la Monnaie en 1661, plus d'un siècle aupara-
vant, qu'il s'en soit emparé ainsi que d'autres valeurs
appartenant à la succession, et encore moins que le
gouvernement français ait appréhendé cette succession et notamment les valeurs existantes à la Zecca, à
un titre qui le constituerait détenteur devant rendre
compte au même débiteur ;

« Attendu que, dans ce dernier cas, en supposant l'action fondée, elle devrait être dirigée contre le Trésor
public dans la personne de son agent judiciaire,

« Attendu que le décret impérial du 18 juillet 1806 est
étranger au procès en ce sens que le territoire vénitien
étant cédé au royaume d'Italie, c'est le ministre des finances de ce royaume qui fera liquider les capitaux
dus par la Monnaie et la Banque centrale de Venise aux
propriétaires sujets de l'Empire français et du royaume
d'Italie ;

« Par ces motifs,

« Déclare les époux Cotton et consorts non-recevables,
en tous cas mal fondés en leur demande, les en déboute
et les condamne aux dépens. »

L'*Événement* du 4 mars 1895

Une succession fantastique

« De mystère en merveille. — Un chef-d'œuvre de l'art
du notariat au XVIIe siècle. — Le notaire de l'île de
Corfou. — Les 40 millions de Jean Thiéry. — Un aven-
turier champenois au XVIe siècle. — Le garçon de l'auberge della Torre à Brescia. — Le bonhomme Tipaldi.
— Richesses d'un trafiquant grec. — Récompense de
trente ans de travaux et de dangers. — Les trésors de
la Zecca de Venise. — Testament de Jean Thiéry. — La

branche de Champagne. — Trois héritiers apocryphes
du défunt. — Un défilé de prétendants. — Le général
Bonaparte et les millions de Jean Thiéry. — Napoléon
a-t-il pillé les trésors de la Zecca ? — Revendication
actuelles de la branche alsacienne et de la branches
champenoise.»

Nous ne sortons du mystérieux que pour entrer dans
le merveilleux.

Les tribunaux ont fourni plus d'un document essen-
tiel à l'histoire de toutes les époques, et leurs greffes
sont loin d'avoir livré toutes leurs richesses. Ces
archives, jointes à celle des notaires, révéleraient encore
à des chercheurs déterminés une foule de curiosités
rares, dont nous sommes loin de soupçonner l'existence.

Cette fois, c'est de l'étude d'un notaire de l'île de
Corfou que nous vient la lumière ; c'est-à-dire un véritable parchemin minuté, coté, classé, parafé en l'an de
grâce 1654, par maître Santomida, « notaire public
de la ville de Corfou et de tout l'État vénitien ».

Nous avons vu de nos yeux vu cet auguste spécimen
de l'art du notariat européen au commencement du
xvii° siècle, et nous y avons lu des choses telles qu'on
en peut rêver dans un palais de calife, ou sous les
lames immobiles du palmier, par une de ces belles nuits
d'Orient, semées de perles et de diamants à l'heure où
les gnomes de l'air se font les messagers des songes.

Ce testament n'est autre qu'un testament rédigé par
le seigneur Santomida pour le compte d'un sieur Jean
Thiéry, richissime Français, établi à Venise, possesseur
d'une fortune de plus de 20 millions, qu'il léguait dans
son intégrité aux parents qu'il avait laissés en France,
à ses frères inconnus ou à leur descendants.

.·.

Mais, qu'est-ce que Jean Thiéry ?
— Jean Thiéry était le fils d'un humble cordonnier de
Château-Thierry, nommé Nicolas Claude. Parvenu à sa
quinzième année, Jean s'aperçut de plus en plus qu'à la
maison le pain était laborieux et rare, et il résolut d'al-

léger son père en allant courir le monde pour y tenter la fortune.

Sachant à peine lire et écrire, il n'avait pour tout bagage qu'une force peu commune, une adresse extra-ordinaire à tous les exercices du corps, une gaieté inta-rissable, et une santé à toute épreuve.

Ainsi doué du véritable tempérament des aventuriers de ce temps-là, et l'Europe était encore remplie de soli-tudes aussi vastes que celles de l'Arkansas, il fila droit devant lui, armé de la simple lame courte des vilains, et traversa au milieu de périls sans nombre landes, forêts, routes et rivières ; puis il arriva, moitié trapeur, moitié camelot, à Marseille, la ville des étran-gers, des grands bateaux et des jolies voiles.

Là, après avoir hésité s'il se ferait pirate au service du dey, lequel avait un faible pour les renégats, il s'embarqua comme garçon vivandier à bord d'une tartane de Messine qui faisait le service des villes de l'Adriatique, et devait s'arrêter à Ancône.

Arrivé dans cette ville, le petit Champenois qui avait pu apprendre pendant la traversée assez d'italien pour se passer d'interprète, rôda quelques jours à Ancône et dans les environs, et finit par entrer, en qualité de com-missionnaire et de valet chez un petit gentilhomme campagnard nommé Matheo Falligi, à raison de six ducats par an.

Mais l'emploi était trop sédentaire, et le jeune homme quitta le signor Matheo au bout de six mois de service, et après s'être assuré toutefois que la nièce de son patron n'avait pour lui aucune inclination.

Les années qui suivirent, Jean les passa sous les ordres d'un petit chef de bande, d'un ferrailleur dis-tingué très apprécié dans la République de Venise, qui l'avait pris à sa solde. Jean ferrailla donc de conserve avec ce vengeur à gage de la Sérénissime et ce fléau routier des honnêtes gens de la contrée.

Puis il se dégoûta de ce métier ou de cette profession par trop libérale. Il se remit valet sérieux au service de plusieurs seigneurs de moyenne fortune, et c'est ainsi que nous le retrouvons, à l'âge de vingt-sept ans, à Brescia, dans les États de Venise, premier garçon de salle à l'auberge della Torre.

Dans cette haute fonction, Jean Thiéry faisait à tout venant les honneurs de l'auberge della Torre, lorsqu'un soir du mois de décembre 1800, un voyageur de belle mine, suivi de nombreux bagages, se présenta à la porte de la maison hospitalière.

Jean fit à l'inconnu la plus cordiale réception, lui fit donner la plus belle chambre, le lit le plus passable, et à table la meilleure place.

La mine intelligente et affairée du jeune homme frappa le voyageur, qui l'observa avec attention, le fit causer et finit par reconnaitre en lui une nature honnête, dévouée et forte.

Cet étranger était un Grec du nom de Tipaldi, fils naturel d'un Tipaldi de Napoli en Roumanie, homme puissamment riche qui, selon la coutume d'alors, faisait un grand commerce en naviguant sur ses propres vaisseaux.

Pris d'une affection subite pour le français, il lui proposa de l'emmener avec lui. Jean Thiéry ne se le fit pas répéter; il partit le lendemain avec son nouveau maître, qu'il ne quitta plus.

Bientôt Thiéry aima filialement Tipaldi, et, dans maintes circonstances périlleuses, il lui prouva son affection, en prenant de sa personne et de ses biens un soin vraiment extraordinaire.

Pendant trente ans, sur terre et sur mer, il ne le quitta point d'un jour, partageant ses travaux et ses périls lorsqu'il ne pouvait réussir à les prendre pour lui seul.

C'est ainsi que dans plusieurs circonstances il le sauva de mort certaine, notamment dans un naufrage où le vaisseau qui les portait fut englouti corps et biens.

Aussi, à la fin, pour récompenser une vie toute de désintéressement et d'affection, et décidé d'ailleurs à se retirer des affaires, le bonhomme Tipaldi fit un jour relâche à Corfou, et se rendit chez M⁰ Santomida, notaire public, pour dresser un testament en faveur de son cher fils adoptif.

C'est le 1ᵉʳ août 1830 que ceci se passa. La minute de ce testament existe encore. Elle a été transportée, avec celle des dispositions testamentaires, faites plus tard par Jean Thiéry, chez Mᵉ Acloque, notaire à Paris.

Le testament de Tipaldi porte donation à Jean Thiéry de tous ses biens, meubles et immeubles, se composant de 800.000 écus d'or nommés écus à la croix et déposés à Zecca (hôtel des monnaies de Venise), de trois maisons neuves sises à Corfou, près de l'église Saint-Spiridion ; d'une autre maison située à quelque distance de Venise et de 50.000 louis d'or placés sur l'Hôtel de Ville de Paris.

Le bon père Tipaldi mourut quelques années après ce testament, et Jean Thiéry entra sans conteste en possession de son immense fortune. Il n'en continua pas moins à naviguer quelque temps encore, accrut ainsi son patrimoine, et enfin, au cours de l'année 1654, à l'âge de 75 ans, il se rendit lui-même à Corfou, chez le notaire de son bienfaiteur, où, avant d'aller se fixer définitivement à Venise, il déposa un testament dont voici les passages essentiels :

« ... . Avant toute chose, on doit savoir que mon nom est Jean et surnom Thiéry ; j'ai été baptisé sur la paroisse de Château-Thierry, en Champagne : quant à mon âge, je ne le sais pas positivement, ayant perdu tous mes papiers dans les différents dangers que j'ai courus en mer. Il y a cent vingt ans que notre famille prend son origine en Lorraine ; elle se divise en trois branches, desquelles l'une se trouve dans la ville de Basle, l'autre en Lorraine, et la dernière, de laquelle je suis né, en Champagne. Mon grand'père, gent d'armes du roi de France, nommé Robert Thiéry, il a eu trois fils desquels l'un se nomme Pierre, l'autre Claude, et moi, présent en cette étude, je me nomme Jean, j'ai été baptisé à Château-Thierry et je suis fils de François Thiéry, dudit lieu de Château-Thierry, et ma mère se nomme Françoise Brice, laquelle a été baptisée à Amans, en Franche Comté de Bourgogne et est morte à Entrai, diocèse de Langres. »

Suit le détail des biens meubles et immeubles de la succession, qui sont à peu près les mêmes, mais augmentés, que ceux à lui légués par Tipaldi. Il continue ensuite en ces termes :

« J'appelle à ma succession les Thiéry de Champagne, c'est-à-dire les fils de mon père, né François Thiéry et de madame ma mère Françoise Brice, pourvu qu'ils soient du lit dont je suis né, car si ledit sieur mon père ou ladite dame ma mère étaient venus à contracter mariage (un second), j'en exclus tous les enfants de madite succession, et j'y appelle les fils de Pierre.

« *Item*. Je prie aussi M. Thiéry de Champagne de ne point abandonner ceux de Lorraine et de Basle, mais je dis que les vrais et légitimes héritiers sont ceux de Champagne, fils de François Thiéry, mon père, auxquels, après ma mort, j'abandonne tout mon avoir, et en l'absence de ceux de Champagne, à ceux de Basle, ainsi qu'à ceux de Lorraine.

« *Item*. Les papiers et actes nécessaires de ma succession se trouveront à la chancellerie du très excellent provéditeur, où ils sont tous enregistrés. Il suffira de demander le testament de Jean Thiéry, fait à Corfou, l'an de grâce 1654; mondit testament rappelle celui d'Athanase Tipaldi, mon maître et bienfaiteur, qu'il a fait le 1er août 1636... »

Ce testament assurait donc, comme on voit, à la branche des Thiéry de Champagne une succession énorme, évaluée aujourd'hui à plus de quarante millions de francs, et que la Zecca de Venise a dû garder dans ses coffres jusqu'à la première guerre d'Italie sous Bonaparte, c'est-à-dire jusqu'en 1797.

⁎

Bien longtemps avant les guerres de la Révolution, quelques années à peine après la mort de Jean Thiéry, en 1675, des aventuriers français cherchèrent déjà à mettre la main sur cette colossale succession.

Le sénateur Mora, exécuteur testamentaire du défunt, ayant fait demander en France des renseignements sur les héritiers désignés dans l'acte, trois employés du bureau des affaires étrangères, Burgeoin, Ruelle et Cossier, se désignèrent comme parent du testateur et falsifièrent dans ce but leurs actes de naissance. Mais ce moyen leur ayant paru impraticable et entaché de pendaison avec torture préalable ils imaginèrent de faire une fausse enquête dans une ville voisine de Château-Thiéry, laquelle établit naturellement que Jean Thiéry n'avait pas laissé d'héritiers et que la succession était dévolue au roi par droit de déshérence.

Puis, ayant fabriqué un brevet de Louis XIV, revêtu du sceau de la chancellerie et portant donation à leur profit de la fortune du mort, ils se rendirent à Venise. Là, ils traitèrent sans peine de la succession pour une somme de 1,240 milles livres. Encore, la Zeccà n'étant pas en mesure, ils se contentèrent des intérêts 5 0/0 de la première année, soit 62 milles livres, et touchèrent ainsi en intérêts, de 1679 à 1686 près de 300 mille livres. Seulement à cette époque la fraude fut enfin découverte et les faussaires prirent la fuite.

Mais d'autres prétendants ne tardèrent pas à se présenter. Ils se levèrent en foule de tous côtés. Il en vint du Septentrion et du Midi, du Levant et du Ponant, de Picardie et de Lorraine, de Normandie, de Bretagne, d'Alsace et même de Gascogne. Jean Thiéry eût été bien heureux de voir tant de frères et de neveux accourir pour revendiquer l'honneur de sa lignée.

Ce défilé dura plus d'un siècle. Mais le gouvernement vénitien, si bien mystifié la première fois, se montra intraitable à l'endroit des généalogies, et tous ces fripons furent déboutés.

En 1782, une commission instituée à cet effet renvoya trois cent soixante-quatre catégories d'héritiers, et le 10 février 1791, l'Assemblée constituante rendit un décret qui adressa les autres prétendants au tribunal de Paris; puis le Conseil des Cinq-Cents renvoya ceux-ci devant la Cour de cassation, qui ne rendit aucune décision.

Enfin, en 1797, vint le tour de Bonaparte. Il se trouvait à Gratz, sans le sou pour habiller et nourrir son armée, et le 11 floréal, an V, il écrivit au Directoire :

« Le Sénat vénitien m'a envoyé à Gratz une députation. Ils m'ont demandé ce que je voulais; je leur ai dit de mettre en liberté tous ceux qu'ils avaient arrêtés... « et de remettre dans nos mains la succession Thiéry, qui est évaluée à 20 millions. »

Bonaparte s'empara t-il de cette succession ? La preuve paraît en résulter d'une lettre postérieure au général Berthier, dans laquelle il est question des trésors de la Zecca qui seraient tombés en son pouvoir. Toutefois, les tribunaux français ont jugé ultérieurement que cette preuve n'était point décisive pour établir que l'Etat français s'était emparé des millions de Thiéry et que par ce fait il en était devenu comptable envers ses héritiers.

**

Depuis cette époque, de nouveaux procès ont été intentés par divers prétendants, mais les tribunaux ont constamment repoussé leurs demandes, spécialement par le motif qu'ils ne faisaient point la justification suffisante de leur qualité d'héritiers.

Enfin, en 1869, Mme Rosalie Cotton, se disant issue de la branche alsacienne des Thiéry, intenta un nouveau procès pour établir d'abord ses droits à la succession, ainsi que le fait par le gouvernement français de s'être emparé des valeurs trouvées à Venise par le général Bonaparte.

Mais la première chambre du tribunal civil de la Seine rendit le 1er mars 1870 un jugement dans lequel, sans vouloir examiner les titres de Mme Cotton ainsi, que la prétendue appropriation de l'Etat, elle déboute la demanderesse, parce que, en supposant l'action fondée, elle aurait dû s'adresser non à l'administration des domaines, mais au Trésor public, dans la personne de son agent judiciaire.

Aujourd'hui, Mme Cotton, mieux dirigée dans sa procédure, intente une nouvelle action, cette fois contre le Trésor public. Mais elle n'est plus seule. Un véritable représentant de cette branche de Champagne, préférée et privilégiée au testament, se présente à son tour. C'est Mme Eugénie Séguin, épouse Lhuillier de Rochetaille (Haute-Marne).

Voici sa généalogie certifiée, telle qu'elle a été insérée au placet, et qu'elle sera soumise au tribunal avec les pièces à l'appui.

Eugénie Séguin, femme Lhuillier, est fille de Nicolas Séguin, fils de Madeleine Béguinot, laquelle était fille de Barbe Buré, fille elle-même de Marie-Jeanne Thiéry, celle-ci fille de Nicolas-Claude Thiéry, lequel était le frère de Jean Thiéry, testateur.

A l'heure actuelle, on compte plus de 1,500 personnes ayant un intérêt direct ou indirect à ce procès.

Telles sont rapidement indiquées les principales successions légendaires dont la presse s'est occupée en maintes circonstances; c'est ce qui explique que je n'ai pas cru mieux faire, pour en donner une idée, que de puiser largement dans les différents articles publiés à ce sujet.

E. BELLANGER.

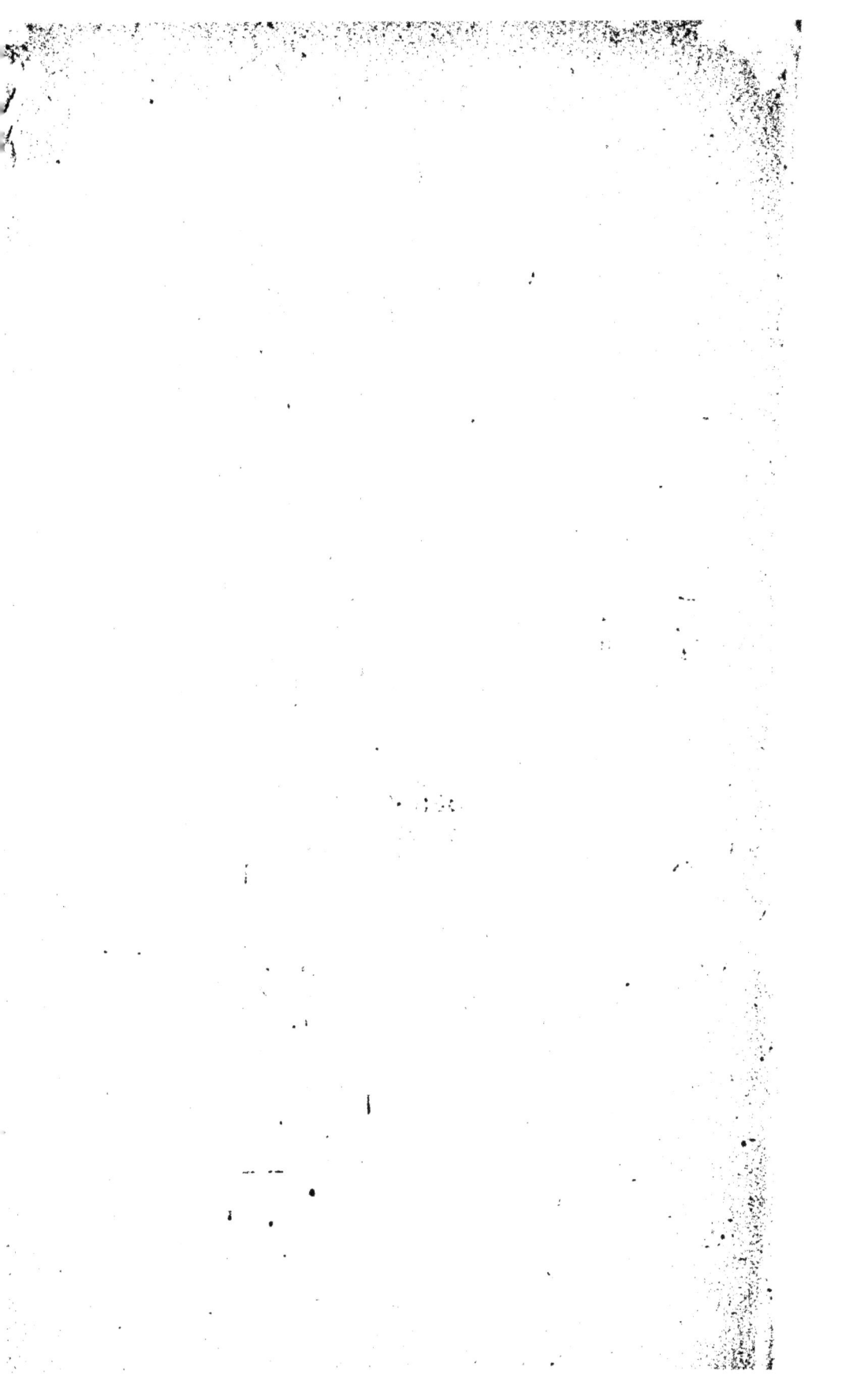

TABLE

des Successions Légendaires

Imp. Jean Gainche, 15, rue de Verneuil, Paris.

www.ingramcontent.com/pod-product-compliance
Lightning Source LLC
Chambersburg PA
CBHW032314210326
41520CB00047B/3093